BEI GRIN MACHT SICH IHR WISSEN BEZAHLT

- Wir veröffentlichen Ihre Hausarbeit, Bachelor- und Masterarbeit

- Ihr eigenes eBook und Buch - weltweit in allen wichtigen Shops

- Verdienen Sie an jedem Verkauf

Jetzt bei www.GRIN.com hochladen und kostenlos publizieren

Bewertung von Betriebssystemen im Kontext des Wirtschaftens. Nicht-funktionale Anforderungen von verteilten Systemen

David Lewenko

Bibliografische Information der Deutschen Nationalbibliothek:

Die Deutsche Nationalbibliothek verzeichnet diese Publikation in der Deutschen Nationalbibliografie; detaillierte bibliografische Daten sind im Internet über http://dnb.d-nb.de abrufbar.

ISBN: 9783346333001
Dieses Buch ist auch als E-Book erhältlich.

© GRIN Publishing GmbH
Nymphenburger Straße 86
80636 München

Druck und Bindung: Books on Demand GmbH, Norderstedt Germany
Gedruckt auf säurefreiem Papier aus verantwortungsvollen Quellen

Das vorliegende Werk wurde sorgfältig erarbeitet. Dennoch übernehmen Autoren und Verlag für die Richtigkeit von Angaben, Hinweisen, Links und Ratschlägen sowie eventuelle Druckfehler keine Haftung.

Das Buch bei GRIN: https://www.grin.com/document/980346

Hochschule Fresenius

Fachbereich onlineplus

Wirtschaftsingenieurwesen Digital Engineering and Management

Hausarbeit

Bewertung von Betriebssystemen anhand ausgewählter nicht-funktionaler Anforderungen von Verteilten Systemen im Kontext des Wirtschaftens von Organisationen

David C. Lewenko

Modul: Betriebssysteme und Rechnerarchitekturen

2020

Inhaltsverzeichnis

Abbildungsverzeichnis

Tabellenverzeichnis

1 Einleitung

1.1 Einführung in die Thematik

Der verstärkte Einsatz von Rechnern in Organisationen fand in den 1950er Jahren Anwendung, als erstmalig Computertechnologien zur Verarbeitung von Informationen verwendet wurden, um organisationale Arbeit zu unterstützen. Die vermehrte Nutzung von Computertechnik ist insbesondere durch die Verschiedenheit der Einsatzmöglichkeiten hinsichtlich institutioneller Aktivitäten gekennzeichnet (Carvalho & Ramos, 2006, S.1). Gleichwohl haben die beschleunigte Weiterentwicklung und das Wachstum der Informationstechnologie (IT) innerhalb der letzten Jahrzehnte einen wesentlichen Einfluss auf die Verfahrensweise von Unternehmen ausgeübt. Ferner hat die IT eine Neubestimmung von Unternehmensstrategien forciert. So steht im Zuge des aktuell vorherrschenden „Informationszeitalters" das Implementieren von Informationstechnologie in Unternehmen im direkten Zusammenhang mit Unternehmensfortschritt. Bereits in den frühen 1990er Jahren wurde dieser Trend deutlich, als im jährlichen Bericht von General Electric (GE) sogenannte „Informationssysteme" zur obersten Priorität der strategischen Unternehmensziele ausgerufen worden sind (Sibanda & Ramrathan, 2017, S. 191).

Ein Informationssystem – durch ein Verschmelzen der Informations- und Kommunikationstechnologie auch als Informations- und Kommunikationssystem bekannt (Alpar, Weinmann, Grob & Winter, 1998, S. 29) – wird als ein Konzept zur Verarbeitung und Kommunikation von Informationen vor dem Hintergrund des Erfüllens von Benutzeranforderungen und der Erreichung von Unternehmensaktivitäten und Unternehmenszielen verstanden. In diesem Zusammenhang werden vom System relevante Informationen zur Verfügung gestellt oder damit in Verbindung stehende Aufgaben automatisiert. Zu relevanten Aufgaben gehören die Sammlung, Verwaltung, Verwaltung, Benutzung und Distribution von Informationen. Die Informationen stammen aus verschiedenen Ressourcen, wie beispielsweise aus einer Datenbank stammenden Daten, verschiedene Datenbank-Softwares, Daten-bezogene Anwendungssoftware, Rechnersystem-Hardware, Speichermedien und mit Daten arbeitendes Personal (Vossen, 1995, S. 28). Informationssysteme werden durch um „Verteilte Systeme" ermöglicht. (Buccella & Cechich, 2011).

1.2 Zielsetzung, Aufbau und Methodik

Diese Arbeit hat zur Aufgabe, Betriebssysteme für Desktop-PCs und Laptops anhand ausgewählter nicht-funktionaler Anforderungen für den Informations- und Datenaustausch von Organisationen innerhalb eines Verteilten Systems zu bewerten. Dazu erfolgt eine theoretische Fundierung der Kapitel 2 bis 4 anhand von Primär- und Sekundärliteratur im Rahmen einer Literaturarbeit. Zu Beginn sollen den Lesenden eine Einleitung in Verteilte Systeme anhand von Grundlagen Verteilter Systeme (Kapitel 2.1) und einer Auswahl nicht-funktionaler Anforderungen von Verteilten Systemen (Kapitel 2.2) erhalten. Darauf aufbauend werden die technischen Anforderungen

Verteilter Systeme ergründet, die an Betriebssysteme gestellt werden (Kapitel 3). Dabei finden sich das Konzept der Middleware (Kapitel 3.1), Funktionsweisen von Betriebssystemen (Kapitel 3.2) und das Prinzip der Nebenläufigkeit (Kapitel 3.3) wieder. Vorbereitend auf den Hauptgegenstand dieser Hausarbeit, der Bewertung, werden im Kapitel 4 die populärsten PC-Desktop und Laptop Betriebssysteme inklusive jeweiliger gegenwärtiger Marktanteile aufgezeigt. Es wird darauf verzichtet, sich auf einzelnen Versionen der Betriebssysteme zu behandeln. Die Analyse, in Form einer Nutzwertanalyse, besteht aus der Gewichtung definierter Kriterien aus dem Kapitel 2.2 (Kapitel 5. 1), der Bildung von Zielerfüllungsgrößen (Kapitel 5.2), der literarischen Analyse von PC-Desktop und Laptop Betriebssystemen anhand definierter Kriterien (Kapitel 5. 3) und einer abschließenden Präsentation der Ergebnisse (Kapitel 5. 4). Der Hauptteil dieser Hausarbeit wird mit Beispielen zu den ausgewählten Betriebssystemen im Rahmen Verteiler Systeme und des Wirtschaftens von Organisationen abgeschlossen (Kapitel 6).

2 Einführung in Verteilte Systeme

2.1 Grundlagen Verteilter Systeme

Im Zuge des in Kapitel 1. 1 beschriebenen Zusammenwirkens vernetzter Rechner werden Infrastrukturen geschaffen, die enormes Potenzial für industrielle Anwendungen bieten. So können vernetzte Anwendungen bereitgestellt werden, die über eine Vielzahl an Rechnern operieren. Dahingehend findet ein Kooperieren und Kommunizieren einzelner Elemente der Rechner und das Bilden eines Verteilten Systems statt (Schill & Springer, 2007, S. 3).

Eine einheitliche Definition Verteilter Systeme stellt sich aufgrund von unterschiedlichen Auffassungen und Perspektiven, aus denen der Begriff untersucht wird, als komplex dar. Allgemein ausgedrückt ist ein Verteiltes System ein Zusammenschluss aus autonomen Rechnereinheiten, der dem Benutzer gegenüber als ein einzelnes und einheitliches System erscheint (Steen & Tanenbaum, 2016b, S. 18). In dieser software-technischen Realisierung eines Netzwerks besteht keine Zentraleinheit. Stattdessen werden Benutzer-relevante Dienste und Daten auf unterschiedlichen Rechnern innerhalb des Netzwerkes verteilt. Die Verteilung wird durch den Zusammenschluss von Rechnern, Kommunikationsnetzen und Systemsoftware realisiert (Traeger & Volk, 2001, S. 326 – 327). Innerhalb Verteilter Systeme besteht keine globale Zeitmessung, was bedeutet, dass „Nodes" innerhalb des Systems eine individuelle Messung der tatsächlichen Zeit vornehmen (Khan, 2015, S. 2631). Nodes sind für die Kommunikation innerhalb eines Netzwerks verantwortlich. Im Kontext der Informatik sind Nodes physische Einheiten, die in der Lage sind Informationen zu empfangen oder weiterzuführen. Als Nodes dienen beispielsweise ein PC, Modems, Server, Drucker und alle anderen Geräte, die über eine WiFi- oder Ethernet-Verbindung vernetzt sind (Fisher, 2019). Dieses Konzept unterstreicht die Asynchronität zwischen den Prozessoren der Rechnereinheiten. Des Weiteren teilen sich die am Verteilten System beteiligten Rechnereinheiten keinen gemeinsamen Speicher. Dennoch ist es möglich mit einem abstrakten

gemeinsamen Adressraum zu arbeiten. Verteilte Systeme befähigen eine geographische Auftei-
lung der Prozessoren auf der ganzen Welt. Grundlegend dafür ist das Vernetzen der Prozessoren
über ein „Wide Area Network" (WAN). Über ein Netzwerk verteilte lokale Arbeitsstationen von
geringerer Größe werden mittels eines „Local Area Network" (LAN) realisiert. Schließlich sind
Verteilte Netzwerke von „Autonomie" und „Heterogenität" geprägt. Einerseits sind Prozessoren
grundsätzlich autonom durch ihre unabhängigen Speichereinheiten, unterschiedlichen Einstellun-
gen und sind nicht Teil ein dediziertes System, welches über ein Netzwerk verbunden ist. Andererseits findet ein Zusammenwirken statt, um einen Dienst anbieten oder ein Problem lösen zu
können, wodurch sich der Aspekt der Heterogenität erschließt (Khan, 2015, S. 2631).

2.2   Nicht-funktionale Anforderungen Verteilter Systeme

Weiterhin lassen sich Verteilte Systeme anhand verschiedener nicht-funktionaler Anforderungen
charakterisieren. Dazu gehören unter anderem Skalierbarkeit, Offenheit, Fehlertoleranz und Sicherheit (Steen & Tanenbaum, 2016a, S. 8).

Unter Skalierbarkeit wird verstanden, Verteilte Systeme in einer Weise zu entwerfen, dass sie
entsprechend zukünftiger Anforderungen erweitert werden können. Zu skalierende Bereiche sind
die Größe, Administration oder geografische Verteilung des Systems.

Die Offenheit von Verteilten Systemen ist dadurch bestimmt, bis zu welchem Grad sie verändert
werden können. Häufig müssen Entwickler neue Funktionen hinzufügen oder bestehende modi-
fizieren, um aktuellen Bedürfnissen zu entsprechen (Soumitra, Mishra & Mishra, 2019, S. 110).
In einem offenen Verteilten System sollen die Dienste entsprechend standardisierter Regeln angeboten werden, in denen Syntax und Semantik beschrieben sind. Etwaige Regeln sind in Proto-
kollen festgehalten. Dienste in Verteilten Systemen sind durch „Interfaces" spezifiziert, welche
durch eine die „Interface Definition Language" (IDL) beschrieben sind. Durch die sogenannte
„Interoperabilität" wird besagt, bis zu welchem Grad zwei Elemente eines Systems allein mithilfe
ihrer eigenen Dienste miteinander kooperieren können (Steen & Tanenbaum, 2016b, S. 24). Die
Unterstützung von Interoperabilität auf der Grundlage standardisierter Protokolle und eindeutig
definierte Interfaces sind maßgebend für die Umsetzung der Offenheit (Soumitra, Mishra &
Mishra, 2019, S. 110).

Sind Daten über verschiedene Netzwerke oder innerhalb eines öffentlichen Netzwerks verteilt,
sind diese anfällig für Angriffe. Doch auch Rechner-Hardware bleibt durch Hacking-Angriffe
nicht verschont (Firdhours, 2011, S. 3). Zumeist haben die durch das Verteilte System zur Verfügung gestellte und verwaltete Informationen einen hohen Grad an Werthaltigkeit für den Benutzer
und Organisationen. Deshalb gilt es, Sicherheit für etwaige Informationen und Daten zu gewährleisten. Das Etablieren eines sicheren Verteilten System erfordert Lösungen, die verschiedenen
Arten von Angriffen und Sicherheitslücken begegnen können (El-Kabbany, 2016, S. 215).

Ein fehlertolerantes System ist eines, das selbst in technisch-fordernden Szenarien hohe Zuver-lässigkeit bietet (Soumitra, Mishra & Mishra, 2019, S. 110). Im Kontext von Herausforderungen, vor denen Verteilte Systeme gestellt sind, wird zwischen „Failures" (Fehlfunktionen), „Faults" (Störungen) und „Errors" (Irrtum) unterschieden. Während Failures als das beobachtete Problem oder der Unterschied vom gewünschten Ergebnis verstanden werden, sind Faults die Ursache für das Problem und Errors der Irrtum, der den Fault verursacht hat (Selic, 2000, S. 128). Die Feh-lertoleranz eines Systems kann beispielsweise durch das Erhöhen von Datenredundanz, das Ver-hindern eines Denial-of-Service-Angriffs (DoS-Angriffs) und das Steigern der System-Resilienz gewährleistet werden (Soumitra, Mishra & Mishra, 2019, S. 110).

3 An Betriebssysteme gestellte technische Anforderungen Verteilter Systeme

3.1 Middleware als verbindendes Element von Anwendungen

Laut Steen und Tanenbaum (2016) sind Verteilte Systeme im Sinne einer Softwareschicht orga-nisiert, um die Heterogenität von Rechnern zu unterstützen und das Erscheinungsbild eines ein-zelnen und einheitlichen Systems zu realisieren. Gemäß Abbildung 1 befindet sich diese soge-nannte Middleware zwischen der höheren Ebene – bestehend aus Benutzern und Anwendungen – und der unteren Ebene – bestehend aus Betriebssystemen und Kommunikationseinrichtungen (Steen & Tanenbaum, 2016b, S. 19).

Abb. 1: Die Middleware als Schicht Verteiler Systeme

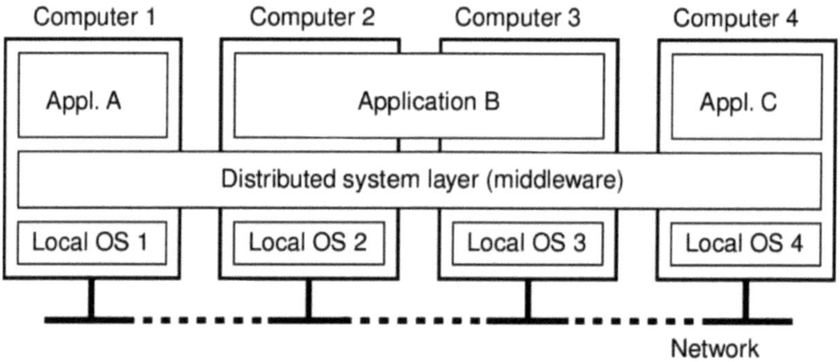

(Quelle: Steen & Tanenbaum, 2016b, S. 19)

Als elementarer Bestandteil Verteiler Systeme verbindet die Middleware Clients und Server mit-tels verschiedener Kommunikationseinheiten. Zum Repertoire der Funktionalitäten der Middle-ware gehören Kommunikations-, System-, Informations-, Ablaufkontroll-, Präsentations- und Be-rechnungs-Dienste (Tresch, 1996, S. 250). Im Kontext der Kommunikations-Dienste gilt es, „Re-mote Procedure Calls" zu nennen. Dieser als ein Protokoll agierender Dienst ermöglicht es mithilfe des Client-Server-Modells, eine Rechner-übergreifende Kommunikation zwischen Anwendungen herzustellen (Rouse, 2016a). Zu System-Diensten zählt die Event Notification, Konfigurationsmanager, Software-Installationen, Fehlererkennungen, die Recovery-Koordination, Authentifizierungen, Verschlüsselungen und Zugriffskontrollen. Zu Informationsdiensten gehören beispielsweise Verzeichnisdienste, die nach Typen geordnete Informationen über Objekte enthalten, damit auf Ressourcen bestimmter Art besser zugegriffen werden kann (Pfliegl, 2002). Das „Log Management", als weiterer Dienst, beinhaltet die Generierung, Übertragung, Analyse, Aufbewahrung, Archivierung und das Entsorgen großer Mengen von Logs sämtlicher Prozesse. (Rouse, 2016b). Nicht zuletzt gilt es, „relationale Datenbanksysteme" zu nennen. Diese basieren auf „relationalen Datenbankmodellen", die Informationen auf verschiedenen miteinander in Verbindung stehenden Tabellen speichern (Luber, 2017). Bezüglich Ablaufkontroll-Dienste wird unter anderem von dem Management von Threads und der Verarbeitung von Transaktionen gesprochen. Eine elementare Bedeutung hat in diesem Sinne auch das „Job Scheduling". Das Job Scheduling ist der Prozess der Verteilung von System-Ressourcen an verschiedene Aufgaben des Betriebssystems. Dabei priorisiert das System Warteschlangen nach CPU Zeit und bestimmt, welcher Job von welcher Warteschlange bearbeitet wird und berechnet die dafür benötigte Zeit (Technopedia, o. D). Zu Präsentations-Diensten gehören beispielsweise die Masken- und Grafikverarbeitung, Drucker-Verwaltung, Hypermedia-Verbindungen und die Multimedia-Aufbereitung. Schließlich gehören zu Berechnungs-Diensten das Sortieren, mathematische Berechnungen, die Internationalisierung, Datenkonversionen und das Zeit-Management (Tresch, 1996, S. 250).

3.2 Bedeutung von Betriebssystemen für Verteilte Systeme

Die von der Middleware an Betriebssysteme gestellten Anforderungen und die damit entstehende Beziehung zwischen diesen beiden Komponenten sind grundlegend für die Realisierung Verteilter Systeme. Zu den Hauptanforderungen gehört der effiziente und robuste Zugriff zu physischen Ressourcen. Eine sich daraus ableitende Aufgabe ist das zur Verfügung Stellen von problemorientierten Abstraktionen der physischen Ressourcen der Rechner.

Im Kontext von Verteilten Systemen lassen sich darüber hinaus zwei Arten von Betriebssystemen unterscheiden: Netzwerk-Betriebssysteme wie UNIX, Windows und Mac OS und Verteilte Betriebssysteme (Coulouris, Dollimore, Kindberg & Blair, 2012, S. 280 – 281). Zu letzteren gehören Betriebssysteme, wie LOCUS, MICROS, IRIX, DYNIX, AIX, SOLARIS, MACH/OS und OSF/1. Zu den Stärken explizit Verteilter Betriebssysteme gehört das Teilen von Ressourcen, Zuverlässigkeit, Kommunikation und Rechnergeschwindigkeit (Thakur, o. D). Dennoch werden Netzwerk-Betriebssysteme den Verteilten Betriebssystemen vorgezogen, was auf zwei Gründe zurückzuführen ist. Einerseits sind die von Benutzern verwendeten Anwendungen auf Netzwerk-Betriebssysteme angepasst. Außerdem bevorzugen Benutzer den Grad der Autonomie, der von Netzwerk-Betriebssystemen geboten wird.

Das Konzept der Middleware lässt sich auf verschiedene Betriebssystem-Hardware-Kombinationen von Nodes eines Verteilten Systems implementieren. Das auf dem Node laufende Betriebssystem stellt Abstraktionen der Hardware-Ressourcen für die Aufbereitung, die Speicherung und Kommunikation etwaiger Rechner. Die Middleware benutzt die Ressourcen der Rechner, um Fern-Aufrufe zwischen den Objekten oder Nodes umzusetzen.

Abb. 2: Erweiterte System Schichten

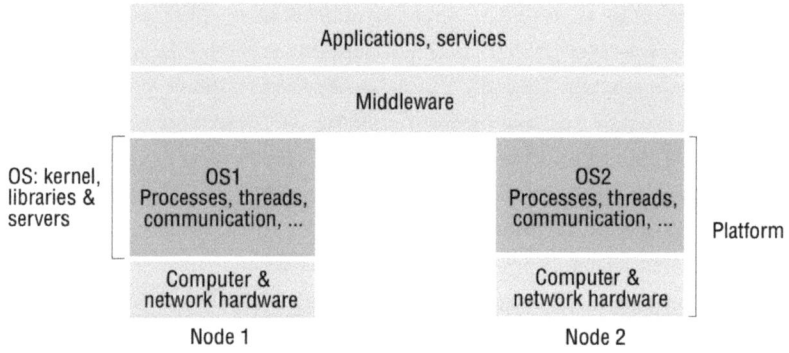

(Quelle: Coulouris, Dollimore, Kindberg & Blair, 2012, S. 282)

Abbildung 2 zeigt, wie die Betriebssystem-Schicht – bestehend aus dem Kernel, Libraries und Servern – auf den jeweiligen Nodes die Middleware-Schicht unterstützt, eine verteilte Infrastruktur für Anwendungen und Dienste zu realisieren. Kernel- und Server-Prozesse managen dabei Ressourcen und Clients mithilfe eines Interface, welches mit den Ressourcen verbunden ist (Coulouris, Dollimore, Kindberg & Blair, 2012, S. 281 – 282).

3.3 Nebenläufigkeit in Verteilten Systemen

Aktuelle Betriebssysteme können als multi-tasking-fähig bezeichnet werden. Aus der Sicht des Benutzers wird eine Vielzahl an sich nicht blockierenden Anwendungen simultan ausgeführt. Diese Wahrnehmung entspricht nicht der Realität, weil eine einzelne Central Processing Unit (CPU) nur eine einzige Programm-Anweisung zur selben Zeit ausführen kann. Im Kontext der CPU-Verarbeitung wird ein Prozess ausgeführt, während anderen Prozesse blockiert sind oder darauf warten ausgeführt zu werden. Das Zuordnen von benötigten Rechnerressourcen für die Ausführung des Prozesses ist die Aufgabe des sogenannten „Task Schedulers". Gegenwärtige Prozessoren besitzen mehrere Kerne, die als unabhängige Verarbeitungseinheiten (Processing Units) fungieren. Damit ist es möglich, mehrere Threads auf jedem Kern auszuführen. Werden mehrere Multikern-Rechner zu Multikern-Architekturen vereint, kann das sich daraus ergebende

Prinzip des „Multithreading" das Konzept der Nebenläufigkeit ermöglichen (Nielsen, 2016, S. 22).

Elementar für den Umgang mit Ressourcen durch das Betriebssystem im Kontext eines Verteilten Systems ist die nebenläufige Verarbeitung von Ressourcen. Das Ermöglichen der gemeinsamen Nutzung von Ressourcen in einem Verteilten System zur selben Zeit wird als Nebenläufigkeit (Concurrency) bezeichnet (Soumitra, Mishra & Mishra, 2019, S. 110). Bei der nebenläufigen Verarbeitung von Ressourcen handelt es sich um die simultane Ausführung verschiedener zusammenhängender Anwendungen. Eine solche Anwendung besteht aus sequenziellen Prozessen, die parallel ausgeführt werden. Die Prozesse werden parallel oder in einzelnen Einheiten mit gemeinsam geteilten Daten ausgeführt. In Verteilten Systemen werden Prozesse durch die Prozessoren jeweiliger Rechner und dazugehöriger Speicherbanken ausgeführt. Die Interaktion zwischen Prozessen findet durch die Übertragung von Daten zwischen den Prozessen mithilfe eines Kommunikationskanals statt (The Free Dictionary, 2003).

Diese nebenläufige Interaktion von Prozessen wird mithilfe des „Message Passing Interface" realisiert. Das „Message Passing" ist eine der Grundlagen für die Kommunikation zwischen Prozessen innerhalb eines Verteilten Systems (Silcock & Goscinski, 1997, S. 1). Das Message Passing Interface (MPI) beschreibt den Nachrichtenaustausch paralleler Berechnungen innerhalb Verteilter Systeme durch das Definieren von Syntax und Semantik. In diesem Sinne wird eine Programmierschnittstelle erzeugt. Das MPI ermöglicht dadurch einen Datenaustausch zwischen Programmen, indem etwaige Daten mithilfe von gesendeten und empfangenen Nachrichten verkapselt werden. Das gesamte System profitiert von der im Kapitel 2.2 beschriebenen Interoperabilität und der Standardisierung einer Vielzahl von globalen Kommunikationsroutinen und Programmiersprachen-Grundlagen, um globale Berechnungen durchzuführen (Nielsen, 2016, S. 22).

4 Identifizierung von Betriebssystemen

Tabelle 1: Verteilung von Desktop und Laptop Betriebssystemen im März 2020

Betriebssystem	Marktanteile in Prozent
Microsoft Windows	89,21
Mac OS	8,94
Linux	1,36
Chrome OS	0,40
Unbekannt	0,09

(Quelle: eigene Darstellung in Anlehnung an NetMarketShare, 2020)

Nach den in Tabelle 2 zusammengefassten Angaben der Plattform NetMarketShare gehörten im März 2020 Microsoft Windows, Mac OS, Linux und Chrome OS zu den am häufigsten benutzen Betriebssystemen für Desktop-PCs und Laptops. Bezüglich des Anteils dominierte Microsoft Windows mit 89,21 Prozent den Markt. Mac OS folgte darauf mit 8,94 Prozent, Linux mit 1,36 Prozent und Chrome OS dann mit 0,40 Prozent. Schließlich wurden 0,09 Prozent an unbekannten Betriebssystemen benutzt (NetMarketShare, 2020). Aufgrund der aktuell geringen Nutzung des durch das US-amerikanische Unternehmen Google entwickelten Betriebssystems, Chrome OS, befasst sich diese Arbeit ausschließlich mit Windows, Mac OS und Linux.

5 Bewertung von Betriebssystemen anhand definierter Kriterien im Rahmen einer Nutzwertanalyse

5.1 Gewichtung der Kriterien

Bei den im Rahmen dieser Hausarbeit behandelten Kriterien handelt es sich um nicht-funktionale Anforderungen Verteilter Systeme: Skalierbarkeit, Offenheit, Fehlertoleranz, Transparenz und Sicherheit. Außerdem soll die Gewichtung im Kontext des Wirtschaftens von Organisationen stattfinden. Aus diesem Blickwinkel heraus kann jedoch nur zu dem Entschluss gekommen werden, dass alle Anforderungen mit derselben Wesentlichkeit zu bewerten sind.

Aus Kapitel 2.2 kann geschlussfolgert werden, dass das Nichterfüllen eines Aspekts nicht weniger kritisch für die Zielerreichung einer Organisation wäre, als das eines anderen. So müssen Verteilte Systeme genauso Unternehmenswachstum mit Skalierbarkeit begegnen können, wie mit Offenheit sich stetig verändernder Trends. Gleichwohl ist die Gewährleistung der Sicherheit eines Systems bei der Verarbeitung unternehmensinterner Daten und Informationen gleichzusetzen mit dem Bewältigen technisch-fordernder Zeiten. Beispielsweise verursacht durch unerwartet hohe Nachfragen. Aufgrund dessen kann in Tabelle 3 die Gewichtung dargestellt werden.

Tabelle 2: Gewichtung der Kriterien

Bewertungskriterium	Gewichtungsgröße	Laufende Summe
Skalierbarkeit	0,25	0,25
Offenheit	0,25	0,50
Fehlertoleranz	0,25	0,75
Sicherheit	0,25	**1,0**

(Quelle: eigene Darstellung)

5.2 Entwerfen der Zielerfüllungsgrößen

Die Zielerfüllungsgrößen entsprechen der Erwartungshaltung im Hinblick auf die Betriebssysteme. Für jedes Bewertungskriterium wird ein Zielerfüllungsfaktor angegeben. Es wird dabei bestimmt, was ein Betriebssystem erfüllen muss, um die jeweilige Wertung mit einem Bewertungskriterium zu erhalten. Mit einer Punkteskala von „1" bis „6" werden Werte von „1" bis „2" als „ungenügend", „3 bis „4" als „ausreichend" und „5" bis „6" als „hervorragend" definiert.

Tabelle 3: Zielerfüllungsgrößen

		Skala		
		1 bis 2 - ungenügend	3 bis 4 - ausreichend	5 bis 6 - hervorragend
	Skalierbarkeit	nicht bis schlecht erweiterbar in zu skalierenden Bereichen	erweiterbar in einigen zu skalierenden Bereichen jedoch mit Schwierigkeiten	problemlos erweiterbar in allen zu skalierenden Bereichen
	Offenheit	kaum veränderbar und in sich abgeschlossen	Veränderungen unter schwierigen Bedingungen möglich	problemlos veränderbar mit Unterstützung der Interoperabilität
Bewertungs-kriterium	Fehlertoleranz	durchgängig schwach ausgeprägte Zuverlässigkeit und anfällig für Fehler jeglicher Art	ausschließlich gefährdet in technisch-fordernden Situationen	Zuverlässig auch in technisch-fordernden Situationen und tolerant gegenüber verschiedenen Fehlerarten
	Sicherheit	stark anfällig für Angriffe jeglicher Art und Sicherheitslücken	kann gängige Angriffe abwehren	kann verschiedene Arten von Angriffen abwehren und weist kaum Sicherheitslücken auf

(Quelle: eigene Darstellung)

5.3 Bewerten der Alternativen

5. 3. 1 Skalierbarkeit

Windows wurde von Microsoft ursprünglich in einer Weise entwickelt, dass es in einer Rechner-Umgebung mit nur wenigen nebenläufig arbeitenden CPUs konzipiert war. Damit war das Betriebssystem nicht auf komplexe Parallelverarbeitungen vorbereitet. In den letzten Jahren haben Ingenieure von Microsoft Windows Betriebssysteme angepasst, damit verschiedene Funktionen des Betriebssystems skalieren können und sie sich die Leistungsstärke moderner Prozessoren zunutze machen können. Um der Eigenschaft der Konsolidierung gerecht zu werden, mussten sich verschiedene Anwendungen einen gemeinsamen Code in Form von sogenannten DLLs (Dynamic Link Libraries) teilen. Das war jedoch nicht immer möglich, weil neue Anwendungen zu neuen DLL Versionen führten, die das gesamte System beeinträchtigten. Windows löste dieses Problem beispielsweise mit dem Windows Server 2019 (Salsburg & Unisys, 2003, S. 4; Thomaskrenn.com, 2019). Daraus ergibt sich eine Wertung von „6" Punkten.

Das Äquivalent zum Windows Server von Apple ist das Mac OS X Server. Bei der aktuellen Version handelt es sich um OS X Lion. Mac OS X Server kombiniert Open-Source-Technologien und Benutzerfreundlichkeit. Zu weiteren Vorteilen gehören die simple Integration und Verwaltung sowie die Möglichkeit der Implementierung in bestehende Systeme (ApfelWiki, o. D). Trotz dieser Vorzüge scheinen Benutzer mit der aktuellsten Version nicht zufrieden zu sein und einen Wechsel auf Windows Server in Betracht zu ziehen. Begründet wird dies mit dem Fehlen einiger relevanter Funktionen (Rizzo, 2011). Aufgrund der Mängel der aktuellsten Version von Mac OS X Server wird mit „5" Punkten bewertet.

Die Open-Source-Eigenschaft und damit verbundene Projekte des Linux Betriebssystems spielen im Kontext der Skalierbarkeit eine entscheidende Rolle. Mithilfe des Projekts „Beowulf" ist es möglich mehrere Linux-Rechner zu einem einzigen performanten Cluster zusammenzuschließen. Diese Cluster finden Anwendung in zahlreichen namenhaften Unternehmen. Beispielsweise soll Google 15 000 auf Linux laufende Prozessoren benutzen, um drei Milliarden Dokumente und 150 Million Google-Suchen täglich zu verarbeiten. Das „Linux Scalability Project" allein behandelt namensgebend die Thematik der Skalierbarkeit in Verbindung mit Linux (Williams, Clegg & Dulaney, 2005). In diesem Kontext zu kritisieren ist die schwache Unterstützung seitens der Hersteller (Milberg, 2003), was sich auf die nicht beabsichtigte Kommerzialisierung zurückführen lassen könnte. Trotz der aktiven Gemeinschaft rundum Linux wird aufgrund der schlechten Unterstützung der Hersteller mit der Punktzahl „5" gewertet.

5. 3. 2   Offenheit

Pressesprecher von Microsoft teilen im Jahre 2008 in einer Pressekonferenz mit, dass sie Offenheit und Interoperabilität zwischen ihren und Produkten anderer Firmen unterstützen. Ferner sollten vier „Interoperabilitätsprinzipien" eingeführt werden wozu das Ermöglichen von offenen Verbindungen, der Datenübertragbarkeit, Industriestandards und Open-Source-Gemeinschaften (Gamet, 2008). In diesem Sinne besteht eine große Auswahl an Anwendungen, die auf Windows ausgeführt werden können. Zudem ist Windows kompatibel mit einer Vielzahl an Hardwarekomponenten. Demgegenüber ist der Programmcode von Windows nicht zugänglich für Benutzer, wodurch eine Fehlersuche durch fehlende Logdateien erschwert wird (RJ Systems, 2017). Im Sinne des in sich geschlossenen Programmcodes erhält das System „4" Punkte.

Auf der Grundlage von Unix wurde Mac OS laut Apple angesichts Offenheit und Interoperabilität entwickelt. Mac OS hat Standards für Verzeichnisdienste, Programmiersprachen, die Kommunikation zwischen Prozessen und arithmetische Bibliotheken eingebunden (PcVersusMac, o. D.). Andererseits ist Mac OS in einer Weise entwickelt worden, dass es nur auf der eigens hergestellten Hardware ausgeführt werden kann (Pontin, 2009). Außerdem werden im Vergleich zu Windows weniger kompatible Anwendungen angeboten, was unter anderem auf den geringen Marktanteil zurückzuführen ist (Bonheur, 2018). Aufgrund des starren Programmcodes, der schwachen Interoperabilität mit Produkten anderer Marken und weniger kompatiblen Anwendungen wird Mac OS mit „3" Punkten bewertet.

Linux bietet Benutzern einen hohen Grad an Offenheit und Kontrolle. Das System basiert auf der gemeinsamen Entwicklung einer offenen Gemeinschaft von Programmierern, die jeweils an verschiedenen Elementen des Betriebssystems arbeiten. Jedem Benutzer steht es frei, Teil dieser Gemeinschaft zu werden. Zudem verfügt Linux über einen offenen und integren Programmcode und ein hohes Maß an Freiheit in Bezug auf die Installation und Konfiguration von Anwendungen (Sandrini, 2015, S. 62). Durch die große und aktive Gemeinschaft und den offenen Programmcode des Betriebssystems erhält Linux die maximale Punktezahl.

5. 3. 3   Fehlertoleranz

Das Arbeiten in Verteilten Systemen mit Windows ist durch mehrere Fehlertoleranz-Technologien von Windows Server besonders zuverlässig. Mittels des „Clustering" können mehrere Nodes innerhalb eines Clusters Anfragen übernehmen, falls ein Node dazu nicht in der Lage ist. Dank des „Majority Node Clustering" behalten Nodes trotz geografischer Zerstreuung eine interne Einheitlichkeit. Das „Network Load Balancing" ermöglicht eine Ausfallsicherung für Anwendungen und Dienste, die im Rahmen eines IP-Netzwerks ausgeführt werden (Tulloch, 2005).

Parallel zum Aspekt der Skalierbarkeit bietet Apple mit Mac OS X Server ein ähnliches Angebot an Funktionalitäten an, um Verteilte Systeme fehlertolerant zu entwickeln (Edge et al., 2010, S. 531 – 533).

Um Fehlertoleranz zu gewährleisten führt Linux Nodes ebenfalls zu Clustern zusammen. Mit den „High-Availability Clusters" wird eine hohe Verfügbarkeit erreicht, indem bei einem Absturz der Dienst oder die Anwendung auf redundanten Nodes gestartet wird. Zudem wird dem Benutzer mittels des „Heartbeat" Service mitgeteilt, ob Nodes einem Absturz ausgesetzt sind (Chaurasiya, 2007, S. 223).

Aufgrund nicht festgestellter Mängel hinsichtlich der Fehlertoleranz erhalten alle Betriebssysteme die maximale Anzahl an Punkten.

5. 3. 4 Sicherheit

Betriebssysteme sind in der Lage, sich mit verschiedenen Funktionen vor Angriffen zu schützen. Dazu gehören Anti-Malware-Lösungen, das „Sandboxing", der Systemschutz und das „Codesigning" (SentinelOne, 2019).

Um Benutzer vor schädlichen Angriffen zu schützen, bieten aktuelle Windows Versionen den Windows Defender als Anti-Malware-Lösung an. Der Windows Defender schützt vor Spyware und Malware und konnte sich in Tests trotz einiger Schwächen gegen zu bezahlende Antiviren-Softwares durchsetzen (Hachman, 2019). Außerdem können mit Windows-Sandbox isolierte Windows-Umgebungen geschaffen werden, um Anwendungen vor dem Betriebssystem abzuschotten und damit zu schützen (Joos, 2019). Die Secure-Boot-Funktion von Windows verhindert Manipulationen durch schädliche Software oder den Benutzer beim Start des Rechners, indem der Rechner in einem erkannten Fall nicht startet (Schanze, 2019). Mittels Codesigning wird geprüft, ob die Angabe zur Herkunft einer Anwendung oder eines Prozesses der Wahrheit entspricht. Windows unterstützt auch diese Funktion (SentinelOne, 2019). Mit dem starken Marktanteil wehrt Windows mithilfe solider Funktionen zahlreiche schädliche Software ab und erhält deshalb die maximale Punktzahl.

Das Betriebssystem von Apple schützt Benutzer vor Malware mit den Softwares „Gatekeeper", „XProtect" und dem „Malware Removal Tool". Mit Gatekeeper soll sichergestellt werden, dass Benutzer Anwendungen nur durch verifizierte Entwickler ausführen (Maceinsteiger, o. D.), XProtect scannt den Rechner nach schädlicher Software (Armbrüster, 2017). Insgesamt hat das Mac OS den Ruf sicherer zu sein als Windows. Nicht zu vergessen werden sollte dennoch, dass aufgrund des hohen Marktanteiles mehr schädliche Software für Windows entwickelt wird und dieser Ruf darauf zurückzuführen sein könnte (Krüger, 2018). Das Mac Os unterstützt das Sandboxing sowohl als auch das Codesigning. Im Vergleich zum Windows Betriebssystem sind die Kernprogramme des Mac OS nicht durch externe Einflüsse veränderbar, wodurch ein hohes Maß an Systemschutz gegeben ist (SentinelOne, 2019). Das Betriebssystem von Apple bietet durch den in sich geschlossenen Programmcode hohen Schutz. Jedoch muss sich Mac OS – im Vergleich zu Windows - nicht gegen die hohe Zahl und Verschiedenheit an schädlicher Software behaupten. Damit kann nicht festgestellt werden, ob sich die Funktionen von Mac OS mit denen von Windows messen können. Daraus ergibt sich eine Wertung von „5" Punkten.

Wie bei dem Mac OS herrscht in der Linux-Gemeinschaft die Meinung vor, dass das Betriebssystem sicherer sei, als die Konkurrenz (Taylor, 2018). Auch hier gilt es, die erhöhte Anzahl an schädlicher Software aufgrund des Marktanteils von Windows in Betracht ziehen. Linux ist von Grund auf nicht mit einer Anti-Malware-Lösung ausgestattet und im Gegensatz zu Windows und Mac OS wird das Codesigning nicht bei jeder Ausführung einer Anwendung aktiviert. Stattdessen wird mit den Funktionen „SELinux" und „Apparmor das stärkste Sandboxing ermöglicht. Der Systemschutz bei Linux könnte als vergleichsweise schwach angesehen werden, was auf den offenen Programmcode des Betriebssystems zurückzuführen ist (SentinelOne, 2019). Schließlich sollte in Bezug darauf erwähnt werden, dass gerade deswegen das Entfernen von Malware innerhalb des Linux Systems effektiv ist. Die Voraussetzung dabei ist, dass der Benutzer über besondere Kenntnisse und Fähigkeiten hinsichtlich des Umgangs mit dem System verfügt (Taylor, 2018). Aufgrund der geringen Anzahl an ausgesetzter schädlicher Software, den wenigen Sicherheits-Funktionen und der Voraussetzung, ein erfahrener Benutzer zu sein ergibt sich eine Punktzahl von „3" Punkten

5.4 Vorstellen der Ergebnisse

Auf der Grundlage der literarischen Analyse aus dem Kapitel 5.3, der sich daraus ergebenden Zielerfüllungspunkte und der Faktorgrößen ergeben sich für die drei Betriebssysteme folgende Nutzwerte:

Tabelle 4: Ergebnisse der Nutzwertanalyse

Kriterium	Fak-tor	Betriebssystem					
		Windows		Mac OS		Linux	
		Ziel-erfüllung	Nutz-wert	Ziel-erfüllung	Nutz-wert	Ziel-erfüllung	Nutz-wert
Skalierbarkeit	0,25	6	2	5	1,25	5	1,25
Offenheit	0,25	4	1	3	0,75	6	2
Fehlertole-ranz	0,25	6	2	6	2	6	2
Sicherheit	0,25	6	2	5	1,25	3	0,75
Nutzwert der Alternative			7		5,25		6

(Quellen: eigene Darstellung)

Trotz aufgezeigter Mängel aufgrund eines weniger offenen Programmcodes ist Windows in dieser Nutzwertanalyse durch volle Punkzahlen in der Skalierbarkeit, Fehlertoleranz und Sicherheit als Sieger und einem Endnutzwert in Höhe von „7" hervorgegangen. Damit entspricht das Ergebnis dem Marktanteil des Betriebssystems des Soft- und Hardwareentwicklers Microsoft. Im Anschluss daran findet sich Linux wieder. Als einziges Betriebssystem hat es die volle Punktzahl hinsichtlich der Offenheit und ein Endnutzwert von „6" erhalten. In Bezug auf Sicherheit konnte es sich aufgrund einer mittelmäßigen Bewertung in dieser Analyse nicht durchsetzen. Letztlich belegt Mac OS den letzten Platz aufgrund der eingeschränkten Offenheit des Betriebssystems mit einem Endnutzwert von „5,25". Im Gegensatz zur Konkurrenz konnte Mac OS in dieser Analyse auch kein Kriterium ausschließlich für sich behaupten.

6 Einsatz ausgewählter Betriebssysteme im Kontext des Wirtschaftens von Organisationen

Zu den bedeutsamsten Industrien, in denen Windows vertreten ist, gehören Computersoftware, Informationstechnologie, Krankenhaus- und Gesundheitswesen, Hochschulbildung, Finanzdienstleistungen, Bildungsmanagement, Vertrieb, Bauwesen und Computer-Hardware (Enlyft, 2020). Unternehmen, die ein Windows-Betriebssystem für den Informations- und Datenaustausch innerhalb ihrer Organisation benutzen sind beispielsweise Envistacom, PNC, Peratron, Moneygram International, Huntington Ingalls Industries und Lockheed Martin (Hgdata, o. D.).

Mac OS findet große Beliebtheit bei IBM. Das IT- und Beratungsunternehmen hat das ursprüngliche Ziel von 50 000 mit 100 000 implementierten Mac OS Betriebssystemen deutlich überschritten. General Electric hat im Oktober 2017 angekündigt, dass die 330 000 international beschäftigten Mitarbeiter alle mit dem Mac OS Betriebssystem ausgestattet werden. Auch ist das deutsche Softwareunternehmen SAP mit über 14 000 Rechnern durch Apple ausgestattet worden (Rayome, 2017).

Eines der prominentesten Unternehmen, welches Linux zum Zweck der verteilten Informationsverarbeitung und der Arbeit innerhalb der Organisation benutzt, ist Google. Um alternativ mit Windows zu arbeiten, müssen Google-Mitarbeiter diesen Wunsch gezielt beantragen. Die US-Bundesbehörde für Raumfahrt und Flugwissenschaft (NASA) benutzt Linux für Arbeiten auf der internationalen Raumstation. Laut Angaben der NASA ist die Organisation von Windows auf Linux gewechselt, weil der Wunsch nach mehr Stabilität, Zuverlässigkeit und mehr Kontrolle über das System vorhanden war. Nicht zuletzt verwendet das Verteidigungsministerium der Vereinigten Staaten Linux, um Mitarbeiter über nicht vertrauenswürdige Rechner auf sichere Netzwerke zugreifen zu lassen (Heath, 2014).

7 Fazit

Diese Arbeit hatte zur Aufgabe, Betriebssysteme für Desktop-PCs und Laptops anhand ausgewählter nicht-funktionaler Anforderungen für den Informations- und Datenaustausch von Organisationen innerhalb eines Verteilten Systems zu bewerten. Dazu hat der Lesende zu Beginn mit der Definition der Begriffe" Informationssystem" und „Verteiltes System" eine Einführung in verteilte Informations- und Kommunikationsstrukturen im Kontext des Wirtschaftens von Organisationen erhalten. Insbesondere hatte Kapitel 2.1 zum Ziel, grundlegende Begriffe zu erläutern. Darauf aufbauend fand sich im Kapitel 2.2 eine Erläuterung zu ausgewählten nicht-funktionalen Anforderungen an Verteilte Systeme wieder. Diesen wurde im späteren Verlauf dieser Arbeit eine ausschlaggebende Bedeutung als definierte Kriterien eingeräumt (Kapitel 5). Um die technischen Anforderungen und Voraussetzungen zu beleuchten, die Verteilte Systeme an Betriebssysteme stellen, wurden die Aufgabe der Middleware (Kapitel 3. 1) und von Betriebssystemen (Kapitel 3. 2) in diesem Kontext ausgeführt. Schließlich galt es, die Nebenläufigkeit und die dafür benötigten Funktionen des Betriebssystems als Grundvoraussetzung für Verteilte Systeme herauszustellen

(Kapitel 3. 3). Nach der theoretischen Fundierung dieser Hausarbeit und einer Identifizierung relevanter Betriebssysteme (Kapitel 4), wurde eine Nutzwertanalyse von etwaigen Betriebssystemen anhand definierter Kriterien angeschlossen, die den Hauptgegenstand dieser Arbeit gebildet hat.

Dafür mussten besagte Kriterien zu Beginn gewichtet werden (Kapitel 5. 1). Währenddessen konnte nicht festgestellt werden, dass sich die Kriterien hinsichtlich der Relevanz unterscheiden, weshalb eine gleichmäßige Gewichtung stattgefunden hat. Im Anschluss wurde ein Punktesystem bestehend aus Zielerfüllungsgrößen, entsprechend der Erwartungshaltungen an die Betriebssysteme, etabliert (Kapitel 5. 2). Dieses fand in einer anschließenden literarischen Analyse der Betriebssysteme Windows, Mac OS und Linux hinsichtlich der Kriterien Skalierbarkeit, Offenheit, Fehlertoleranz und Sicherheit Anwendung (Kapitel 5. 3). In Bezug auf Skalierbarkeit konnte sich Windows aufgrund von geringen aufgefundenen Mängeln der Konkurrenz mit einer vollen Punktzahl durchsetzen (Kapitel 5. 3. 1). Wiederum konnte Linux mit der Freiheit, die das Betriebssystem Benutzern ermöglicht in puncto Offenheit herausstechen (Kapitel 5. 3. 2). Eine Analyse der Fehlertoleranz hat keine Unterschiede zwischen den Betriebssystemen ergeben (Kapitel 5. 3. 3). Schließlich konnte Windows bei der Sicherheit überzeugen. Dabei wurde auch infrage gestellt, ob die Hilfsmittel von Mac OS der Anzahl und Diversität schädlicher Software, denen Windows ausgesetzt ist, ebenfalls gewachsen wären. Während selbiges Argument gleichwohl für Linux gilt, kommt der Aspekt von verhältnismäßig wenig Instrumenten zur Abwehr und der Voraussetzung, ein Power User zu sein, hinzu (Kapitel 5. 3. 4).

Zusammenfassend lässt sich sagen, dass alle behandelten Systeme für die Verwendung innerhalb eines Verteilten Systems bestens geeignet sind. Im Rahmen der Analyse dieser Arbeit und im Hinblick auf ausgewählte Kriterien hat Windows „7", Linux „6" und Mac OS einen Endnutzwert von „5,25" von insgesamt „8" möglichen Punkten erreicht. Diese Hausarbeit trägt mit diesem Ergebnis zu einer weiterführenden Erforschung von Verteilten Systemen bei. Dennoch ist es nicht gelungen den einzelnen Konzepten mit dem nötigen Detailgrad zu begegnen. Auch wäre es sinnvoll, der Nutzwertanalyse eine Sensivitätsanalyse anzuschließen. In diesem Sinne sind weitere Untersuchungen in einer umfangreicheren Arbeit notwendig. Damit könnten beispielsweise Betriebssysteme auf weitere Anforderungen untersucht werden.

8 Literaturverzeichnis

Alpar P., Grob H.L., Weimann P., Winter R. (1998) Informations- und Kommunikationssysteme. In: Unternehmensorientierte Wirtschaftsinformatik. Vieweg+Teubner Verlag, Wiesbaden.

ApfelWiki. (o. D.). MacOSXServer. Verfügbar unter: http://www.apfelwiki.de/Main/MacOSXServer (20.04.2020).

Armbrüster, T. (2017). So prüfen Sie den Malware-Schutz von macOS. Macwelt. Verfügbar unter: https://www.macwelt.de/a/so-pruefen-sie-den-malware-schutz-von-macos,3394919 (20.04.2020).

Bonheur, K. (2018). Advantages and Disadvantages of macOS. Profolus. Verfügbar unter: https://www.profolus.com/topics/advantages-and-disadvantages-of-macos/ (18.04.2020).

Buccella, A., & Cechich, A. (2011). An Overview of Ontology-Driven Data Integration. In I. Management Association. Enterprise Information Systems: Concepts, Methodologies, Tools and Applications, S. 207-216. DOI:10.4018/978-1-61692-852-0.ch115.

Carvalho, J., Ramos, I. (2006). Understanding information systems in organizations: from Anthony's framework to the organizational mind. Verfügbar unter: https://www.researchgate.net/publication/277254861 (23.03.2020).

Chaurasiya, V. (2007). Linux Highly Available (HA) Fault-Tolerant Servers. Verfügbar unter: https://www.academia.edu/378236/Linux_Highly_Available_HA_Fault-Tolerant_Servers?auto=download (19.04.2020).

Coulouris, G., Dollimore, J., Kindberg, T., Blair, G. (2012). Distributed Systems. Concepts and Design. Addison-Weseley: Boston.

Edge, C., Barker, W., Hunter, B., Sullivan, G., Barker, K. (2010). Enterprise Mac Security: Mac OS X Snow Leopard. Springer-Verlag: New York.

El-Kabbany, G. (2016). Security Issues in Distributed Computing System Models. Verfügbar unter: https://www.researchgate.net/publication/309285125 (04.04.2020).

Enlyft. (o. D.). Companies using Windows 10. Verfügbar unter: https://enlyft.com/tech/products/windows-10 (20.04.2020)

Firdhours, M. (2011). Implementation of Security in Distributed Systems. A Comparative Study. In: International Journal of Computer Information Systems, 2(2), S. 1 – 95. Verfügbar unter: https://arxiv.org/pdf/1211.2032.pdf (04.04.2020).

Fisher, T. (2019). Nodes in a Computer Network Explained. Lifewire. Verfügrbar unter: https://www.lifewire.com/what-is-a-node-4155598 (28.03.2020).

Gamet, J. (2008). Microsoft Claims to Embrace Openness and Interoperability. Macoberver. Verfügbar unter: https://www.macobserver.com/tmo/article/Microsoft_Claims_to_Embrace_Openness_and_Interoperability (17.04.2020).

Hachman, M. (2019). Why you can stop paying for your antivirus software. PCWorld. Verfügbar unter: https://www.pcworld.com/article/3434097/why-you-can-stop-paying-for-antivirus-software.html (19.04.2020).

Heath, N. (2014). Five big names that use Linux on the desktop. TechRepublic. Verfügbar unter: https://www.techrepublic.com/article/five-big-names-that-use-linux-on-the-desktop (20.04.2020).

Hgdata. (o. D.). Companies Currently Using Windows Server 2016. Verfügbar unter: https://discovery.hgdata.com/product/windows-server-2016 (20.04.2020).

Joos, T. (2019). Mehr Sicherheit mit der Windows-Sandbox. Security-Insider. Verfügbar unter: https://www.security-insider.de/mehr-sicherheit-mit-der-windows-sandbox-a-852264/ (19.04.2020).

Khan, R. (2015). Distributed Computing: An Overview. In: Advanced Networking and Applications, 7 (1), S. 2630 – 2635.Verfügbar unter: https://www.researchgate.net/publication/280977301 (24.03.2020).

Krüger, B. (2018). Darum sollten Sie bei Macs auf Virenscanner verzichten. T-Online. Verfügbar unter: https://www.t-online.de/computer/id_84003488/apple-betriebssystem-darum-sollten-sie-bei-macs-auf-virenscanner-verzichten.html (20.04.2020).

Luber, S. (2017). Was ist eine relationale Datenbank? Bigdata-Insider. Verfügbar unter: https://www.bigdata-insider.de/was-ist-eine-relationale-datenbank-a-643028/ (08.04.2020).

Maceinsteiger. (o. D.). Was ist… Gatekeeper. Verfügbar unter: https://www.maceinsteiger.de/was-ist/gatekeeper/ (19.04.2020).

Milberg, K. (2003). Is Linux behind MS Windows and Unix in scalability? Techtarget. Verfügbar unter: https://searchdatacenter.techtarget.com/answer/Is-Linux-behind-MS-Windows-and-Unix-in-scalability (16.04.2020).

NetMarketShare (2020). Operating System Market Share. Verfügbar unter: https://bit.ly/2yAH8m0 (12.04.2020).

Nielsen, F. (2016). Introduction to MPI: The Message Passing Interface. Verfügbar unter: https://www.researchgate.net/publication/314626214 (10.04.2020).

PcVersusMac. (o. D.) Background about the Mac. Verfügbar unter: https://www.ocf.berkeley.edu/~viettran/background.htm (18.04.2020).

Pfliegl, K. (2002). So funktionieren Verzeichnisdienste. Tecchannel. Verfügbar unter: https://www.tecchannel.de/a/so-funktionieren-verzeichnisdienste,401675,2 (07.04.2020).

Pontin, J. (2009). On Openness. TechnologyReview. Verfügbar unter: https://www.technologyreview.com/2009/08/18/210495/on-openness (18.04.2020).

Rayome, A. (2017). 6 of the largest enterprise Mac deployments. TechRepublic. Verfügbar unter: https://www.techrepublic.com/article/6-of-the-largest-enterprise-mac-deployments/ (20.04.2020).

Rizzo, J. (2011). Why IT won't like Mac OS X Lion Server. InfoWorld. Verfügbar unter: https://www.infoworld.com/article/2622419/why-it-won-t-like-mac-os-x-lion-server.html (14.04.2020).

RJ Systems (2017). Advantages of using Windows. Verfügbar unter: http://www.rjsystems.nl/en/3200.php (17.04.2020).

Rouse, M. (2016a). Remote Procedure Call (RPC). Techtarget. Verfügbar unter: https://searchapparchitecture.techtarget.com/definition/Remote-Procedure-Call-RPC (07.04.2020).

Rouse, M. (2016b). log management. Techtarget. Verfügbar unter: https://searchitoperations.techtarget.com/definition/log-management (08.04.2020).

Salsburg, M. & Unisys. (2003). Mainframe Scalability in the Windows Environment. Verfügbar unter: https://www.researchgate.net/publication/335737002_Mainframe_Scalability_in_the_Windows_Environment (12.04.2020).

Sandrini, P. (2015). Openness in Computing. The Case of Linux for Translators. In: Translation and Openness, S. 61 – 79. DOI: 10.15203/2936-88-2-4. Verfügbar unter: https://www.researchgate.net/publication/283501263 (18.04.2020).

Schanze, R. (2019). Secure Boot: Was ist das? Wie deaktivieren? GIGA. Verfügbar unter: https://www.giga.de/tipp/secure-boot-was-ist-das-wie-deaktivieren/ (19.04.2020).

Schill, A., Springer, T. (2007). Verteilte Systeme. Grundlagen und Basistechnologien. Springer-Verlag: Berlin-Heidelberg.

Selic, B. (2000). Distributed Software Design: Challenges and Solutions. In: Embedded Systems Programming. Verfügbar unter: https://m.eet.com/media/1175018/f-selic.pdf (05.04.2020).

SentinelOne. (2019). Which is More Secure: Windows, Linux, or macOS? Verfügbar unter: https://www.sentinelone.com/blog/which-is-more-secure-windows-linux-or-macos/ (19.04.2020).

Sibanda, M., Ramrathan, D. (2017). Influence of Information Technology on Organization Strategy. In: Foundations of Management, 9(1), S. 191 – 202. DOI: 10.1515/fman-2017-0015.

Silcock, J., Goscinski, A. (1997). Message Passing, Remote Procedure Calls and Distributed Shared Memory as Communication Paradigms for Distributed Systems. Verfügbar unter: http://citeseerx.ist.psu.edu/viewdoc/download?doi=10.1.1.95.2490&rep=rep1&type=pdf (12.04.2020).

Soumitra, G., Mishra, A., Mishra, B. (2019). Cyber-Security Techniques in Distributed Systems, SLAs and other Cyber Regulations. Verfügbar unter: https://www.researchgate.net/publication/331992978 (02.04.2020).

Steen, M., Tanenbaum, A. (2016a). A brief introduction to distributed systems. Verfügbar unter: https://www.cs.vu.nl/~ast/Publications/Papers/computing-2016.pdf (01.04.2020).

Steen, M., Tanenbaum, A. (2016b). Distributed Systems. Principles and Paradigms. Verfügbar unter: https://www.distributed-systems.net/index.php/books/ds2/distributed-systems-2nd-edition/ (03.04.2020)

Taylor, D. (2018). Why Linux is better than Windows or macOS for security. Computerworld. Verfügbar unter: https://www.computerworld.com/article/3252823/why-linux-is-better-than-windows-or-macos-for-security.html (20.04.2020).

Technopedia. (o. D). Job Scheduling. Verfügbar unter: https://www.techopedia.com/definition/7882/job-scheduling (07.04.2020)

Thakur, D. (o. D.) Definition of Distributed Operating Systems. Verfügbar unter: http://ecomputernotes.com/fundamental/disk-operating-system/distributed-operating-system (10.04.2020).

The Free Dictionary. (2003). Concurrent processing. Verfügbar unter: https://encyclopedia2.thefreedictionary.com/concurrent+processing (11.04.2020).

Thomas-krenn.com. (2019). Windows Server 2019 Editionsunterschiede. Verfügbar unter: https://support.microsoft.com/en-us/lifecycle/search?alpha=Windows%20server%202019 (13.04.2020).

Traeger D.H., Volk A. (2001) Verteilte Systeme. In: LAN Praxis lokaler Netze. Vieweg+Teubner Verlag, Wiesbaden.

Tresch, M. (1996). Middleware: Schlüsseltechnologie zur Entwicklung verteilter Informationssysteme. In: Informatik-Spektrum, 19, S. 249 – 256. Verfügbar unter: https://www.researchgate.net/profile/Markus_Tresch/publication/220351671_Middleware_Schlusseltechnologie_zur_Entwicklung_verteilter_Informationssysteme/links/54880f470cf2ef34478ed9e8/Middleware-Schluesseltechnologie-zur-Entwicklung-verteilter-Informationssysteme.pdf (06.04.2020).

Tulloch, M. (2005). Implementing Fault Tolerance on Windows Networks. TechGenix. Verfügbar unter: http://techgenix.com/implementing-fault-tolerance-windows-networks/ (18.04.2020).

Vossen G. (1995) Verteilte Informationssysteme: Konzepte und Entwurfstechniken. In: Huber-Wäschle F., Schauer H., Widmayer P. (Hrsg.) GISI 95. Informatik aktuell. Springer, Berlin, Heidelberg.

Williams, J., Clegg, P., Dulaney, E. (2005). The Advantages of Adopting Open Source Software. Informit. Verfügbar unter: https://www.informit.com/articles/article.aspx?p=376255 (15.04.2020).

BEI GRIN MACHT SICH IHR WISSEN BEZAHLT

- Wir veröffentlichen Ihre Hausarbeit,
  Bachelor- und Masterarbeit

- Ihr eigenes eBook und Buch -
  weltweit in allen wichtigen Shops

- Verdienen Sie an jedem Verkauf

Jetzt bei www.GRIN.com hochladen und kostenlos publizieren